Martin Schädler

Realisierung informationeller Mehrwerte

Web-Enabling eines SAP R/3 Systems

GRIN - Verlag für akademische Texte

Der GRIN Verlag mit Sitz in München hat sich seit der Gründung im Jahr 1998 auf die Veröffentlichung akademischer Texte spezialisiert.

Die Verlagswebseite www.grin.com ist für Studenten, Hochschullehrer und andere Akademiker die ideale Plattform, ihre Fachtexte, Studienarbeiten, Abschlussarbeiten oder Dissertationen einem breiten Publikum zu präsentieren.

Dokument Nr. V33174 aus dem GRIN Verlagsprogramm

Martin Schädler

Realisierung informationeller Mehrwerte

Web-Enabling eines SAP R/3 Systems

GRIN Verlag

Bibliografische Information der Deutschen Nationalbibliothek: Die Deutsche Bibliothek
verzeichnet diese Publikation in der Deutschen Nationalbibliografie; detaillierte bibliografische Daten sind im Internet über http://dnb.d-nb.de/ abrufbar.

1. Auflage 2004
Copyright © 2004 GRIN Verlag
http://www.grin.com/
Druck und Bindung: Books on Demand GmbH, Norderstedt Germany
ISBN 978-3-638-65220-9

Realisierung informationeller Mehrwerte: Web-Enabling eines SAP R/3 Systems

Hausarbeit im Rahmen der Vorlesung
„Betriebliche Anwendung von Internet-Technologien"

gemäß §7 der Prüfungsordnung für den Weiterbildungsstudiengang WINFOLine
Master of Science in Information Systems der Georg-August-Universität-
Göttingen, Wirtschaftswissenschaftliche Fakultät in der Fassung vom
26.09.2002.

Betreuer: Stefan Ring

Abgabedatum: 22. Sept. 2003

Inhalt

Abbildungsverzeichnis

1 Einleitung und Zielsetzung der Arbeit

Neben den klassischen Produktionsfaktoren Arbeit, Kapital und Boden gewann und gewinnt Information in den letzten beiden Jahrzehnten als strategischer Produktionsfaktor eine immer größere Bedeutung.[1]

Dies gilt zunehmend nicht nur für innerbetriebliche Informationsflüsse, sondern für Informationsflüsse zwischen Unternehmen. „Die Bildung von zwischenbetrieblichen Kooperationen wird für die beteiligten Akteure immer häufiger zum Instrument der Verbesserung ihrer Wettbewerbsposition in einer globalen Weltwirtschaft."[2] Dies gilt in hohem Maße für die global agierende, äußerst wettbewerbsintensive Automobilindustrie.

Besonders Internettechnologien wird ein großes Mehrwertpotential zur Steigerung der Wettbewerbsfähigkeit unterstellt. Doch wie äußern sich solche Mehrwerte? Häufig werden sie eher punktuell als Kosteneffekte / Einsparungen, Reduktion des Produktentwicklungszeitraums (Time to Market), Qualitätsverbesserungen, Risikominimierung, Innovationssprünge oder Zugang zu neuen Marktsegmenten oder Märkten beschrieben.[3]

Die vorliegende Hausarbeit wählt einen alternativen Ansatz basierend auf der Theorie informationeller Mehrwerte nach Kuhlen und zeigt an einem praktischen Beispiel auf, welche Mehrwerte durch ein Internet basiertes Dokumentenmanagementsystem (iDMS) für Unternehmen in der Automobilzulieferindustrie geschaffen werden können. Es wird gezeigt, dass der Typus des komparativen Mehrwerts, der den „größeren Informationswert der elektronischen Version gegenüber der korrespondierenden konventionellen [Version]"[4] beschreibt, am besten geeignet für diese Mehrwertdiskussion ist. Aus Kundenanforderungen wird dann ein prozessuales und technisches Anforderungsprofil für ein iDMS entwickelt, das den Vergleich der konventionellen Lösung mit dem zukünftigen iDMS erlaubt. Die Vorteile des neuen iDMS werden im Vergleich zur bestehenden Lösung in einer tabellarischen Übersicht als komparative Mehrwerte dargestellt.

---

[1] vgl. [PiMa98], S. 18

[2] [BuKö00], S. V

[3] [BuKö00], S. 2

[4] [Kuhl95], S. 90

2 Grundlagen des Dokumentenmanagements

Um ein gemeinsames Verständnis für die im Rahmen der folgenden Diskussion verwandten Begriffe zu schaffen, wird hier in aller Kürze definiert, was unter Dokumenten und Dokumentenmanagement zu verstehen ist.

2.1 Dokumente

Als Dokument bezeichnet man ein inhaltlich zusammenhängendes Objekt, das weitere Informationsobjekte, wie Bilder, Zeichnungen, Texte, Tabellen, Grafiken beinhalten kann. Dokumente können in physikalischer Form (d.h. als Papier) oder digitaler Form (z.b. als PDF, JPG etc.) vorliegen. In der digitalen Form wird weiter unterschieden in „Coded Information-"(CI) und „Non Coded Information-" Dokumente.[5] NCI Dokumente sind inhaltlich nicht maschinenlesbar (z.b. ein JPG), CI Dokumenten sind durch Computer interpretierbar, sie enthalten strukturierte Text- oder Zahleninformationen. Physische Dokumente können durch Scannen in NCI Dokumente transformiert werden und diese wiederum durch den Einsatz von Texterkennungssoftware (OCR-Software: Optical Character Recognition) in CI Dokumente.

2.2 Dokumentenmanagement

Ein DMS ist eine Hardware- / Software-Kombination zur Aufnahme, Verarbeitung und Verwaltung von Dokumenten. Das System unterstützt in der Regel die Indexierung und Speicherung von Dokumenten, die Suche nach Dokumenten, die Bereitstellung (Retrieval) und Verteilung von Dokumenten.[6] DMS vereinigen i.d.R. eine Reihe von Systemkategorien, wobei einzelne Systeme unterschiedliche Schwerpunkte setzen, die eine Einordnung erlauben in:[7]

- Archivsysteme: großvolumige Ablage von Dokumenten auf längere Zeit, z.B. für Massenbeleg- und Formularbearbeitung.
- Recherchesysteme oder Retrievalsysteme: Ablage, Suche und Wiederauffinden von Dokumenten
- Workflowsysteme: unterstützt die informationstechnische Bearbeitung von Dokumenten basierten Vorgängen.

---

[5] vgl. [Dand99], S. 7

[6] vgl. [Dand99], S. 6

[7] vgl. [Dand99], S. 10ff

3   Theorie informationeller Mehrwerte

Die Theorie informationeller Mehrwerte basiert auf der elementaren Unterscheidung von Wissen und Information. Information ist handlungsrelevantes Wissen, sozusagen „Wissen in Aktion".[8] Wissen wird durch Informationsarbeit in Information transformiert. Aus allgemein verfügbarem, handlungsneutralem Wissen wird also jener Bestandteil extrahiert, der in einer speziellen Situation von Entscheidungs- oder Handlungsrelevanz ist. „Informationen fügen dem Wissensbestand einen Mehrwert durch die pragmatische Ausrichtung hinzu."[9] Ein informationeller Mehrwert ist dementsprechend eine Eigenschaft oder Attribut, das durch Informationsarbeit generiert wird, um ein Produkt oder eine Leistung für einen Nutzer oder eine Nutzergruppe vorteilhafter zu gestalten.

3.1 Generierung informationeller Mehrwerte

Wissen wird durch Informationsarbeit in (handlungsrelevante) Information umgewandelt. Die im Rahmen der Informationsarbeit generierten informationellen Mehrwerte lassen sich unterscheiden in

- Mehrwerte aus Produzentensicht (Tauschwerte) für die Bereitstellung der Information und

- Mehrwerte aus Nutzersicht (Gebrauchswerte) für die Nutzer der Information.

Tauschwerte werden sich nur dann durch die Produzenten bzw. Bereitsteller der Mehrwerte realisieren lassen, wenn der durch Systemeigenschaften generierte Gebrauchswert vom Nutzer akzeptiert und bezahlt wird. Systemeigenschaften stellen zwar keine informationelle Mehrwerte dar.[10], der Zusammenhang zwischen Systemeigenschaften und wahrgenommenen Mehrwerten aus Nutzersicht (Gebrauchswert) und Produzentensicht (Tauschwert) ist jedoch offenkundig:

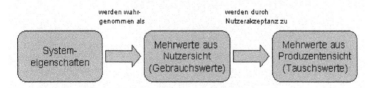

Bild 1: Kausalzusammenhang von Systemeigenschaften, Gebrauchs- und Tauschwerten (eigene Darstellung)

---

[8] [Kuhl95], S. 34

[9] [Kuhl95], S. 82

[10] vgl. [Kuhl95] S. 82

Bevor näher auf diese Unterscheidung eingegangen wird, soll zunächst dargestellt werden, wie informationelle Mehrwerte entstehen. Dabei wird deutlich werden, dass die Generierung von informationellen Mehrwerten ein durchaus mehrstufiger Prozess sein kann, bis aus Nutzersicht ein adäquater Gebrauchswert realisiert werden kann.

3.1.1 Mehrwerte durch Wissensrekonstruktion

Informationelle Mehrwerte durch Wissensrekonstruktion entstehen durch „Abbildung von Wissensobjekten auf Wissen rekonstruierende informationelle Ressourcen durch Anwendung von Methoden".[11]

Werden etwa aus einem physikalisch oder elektronisch vorliegenden Zeichnungs- oder Normendokument bibliographische Informationen (Dokumentennr., Titel, Fachgebiet, Kurzbeschreibung etc.) erarbeitet und in einem DMS (informationelle Ressource) abgebildet, wird dadurch im Vergleich zum ursprünglichen Dokument ein Mehrwert oder Informationszugewinn erarbeitet.

3.1.2 Mehrwerte durch Informationserarbeitung

Eine weitere Stufe zur Erzeugung informationeller Mehrwerte ist die Informationserarbeitung. Informationen, die durch Wissensrekonstruktion entstanden und auf Informationssystemen abgebildet worden sind, lassen sich einer weiteren Stufe der Informationsarbeit unterziehen, der Informationserarbeitung. Informationserarbeitung findet statt, indem diese Informationssysteme von Nutzern oder Softwaretools herangezogen werden, um aus der in ihnen vorhandenen Information weitere Informationen zu generieren, die für sie in einem spezifischen Handlungskontext relevant sind. Kuhlen bezeichnet durch Wissensrekonstruktion und Informationserarbeitung generierte Information als „Relevanzinformation",[12] da sie für die Lösung praktischer Problemstellungen handlungsrelevant ist bzw. sein sollte.

Führen man das oben angeführte Beispiel der Abbildung von bibliographischen Daten in einem DMS fort, könnte ein Nutzer durch Informationserarbeitung alle Dokumentennummern (Zeichnungen, Normen, Spezifikationen etc.) selektieren, die für sein Unternehmen bzw. seinen Fertigungsprozess relevant und somit als Relevanzinformation zu bezeichnen sind.

---

[11] [Kuhl95], S. 86

[12] vgl. [Kuhl95], S. 88

3.1.3 Mehrwerte durch Informationsaufbereitung

Die Aufbereitung der bislang erzeugten Relevanzinformation entscheidet maßgeblich über die praktische Nutzung der Information. Diese pragmatische Eigenschaft der Ressource Information entscheidet häufig über Erfolg oder Misserfolg eines Informationsprodukts bzw. eines Informationssystems. Kuhlen unterscheidet zwischen formalen und pragmatischen Verfahren im Rahmen der Informationsaufbereitung.[13] Formale Verfahren beziehen sich auf alle Formen der medientechnischen Aufbereitung von Informationen, bei Internetapplikationen maßgeblich auf die Darstellung im GUI (Graphical User Interface). Pragmatische Verfahren erlauben die Anpassung des Informationsprodukts an unterschiedliche Benutzeranforderungen oder –verhalten.

Bezogen auf obiges Beispiel wird durch den Einsatz formaler Informationsaufbereitung die Nutzbarkeit des Systems hinsichtlich der Benutzerführung und Darstellung verbessert. Z.B. können neue, bzw. geänderte Dokumente farblich hervorgehoben werden, durch Hyperlinks kann direkt auf das eigentliche Ursprungsdokument verzweigt werden. Pragmatische Informationsaufbereitung erlaubt es etwa, Lieferanten per e-Mail über die Existenz neuer oder geänderter Dokumente zu informieren.

3.2 Systematik informationeller Mehrwerte

Im vorhergegangenen Kapitel wurde verdeutlicht, wie informationelle Mehrwerte entstehen. Dieses Kapitel wird darstellen, wie sich die Ergebnisse dieser Prozessschritte klassifizieren lassen.

3.2.1 Produktbezogene informationelle Mehrwerte

Produktbezogene informationelle Mehrwerte sind Tauschwerte. Sie ergeben sich für den Produzenten aus dem wahrgenommen Wert des Produkts und der damit einhergehenden Kompensations- bzw. Zahlungsbereitschaft der Anwender. Grundsätzlich werden vier Arten von produktbezogenen informationellen Mehrwerten unterschieden. In der nachfolgenden Darstellung wird ersichtlich, dass der Typus des komparativen Mehrwerts im Rahmen dieser Arbeit am ehesten geeignet ist für die Identifikation informationeller Mehrwerte.

---

[13] vgl. [Kuhl95], S. 88f

3.2.1.1 Komparative Mehrwerte

Komparative Mehrwerte beschreiben den Mehrwert eines elektronischen Produktes im Vergleich zum konventionellen Produkt. Sie entstehen somit durch innovative Weiterentwicklung eines bestehenden, konventionellen Produkts. Im Rahmen der Prozessoptimierung durch den Einsatz von betrieblichen Internet-technologien ist diese Betrachtung in der Regel ausschlaggebend, da konventionelle Prozesse und Produkte durch IT-Systeme unterstützt oder gar ersetzt werden.[14] Letztendlich interessant ist im Kontext dieser Arbeit die Frage nach dem Mehrwert der neuen, elektronischen Lösung im Vergleich zum Status Quo. Nur wenn dieser Mehrwert evident ist, sind entsprechende Investitionen ökonomisch darstellbar: „An IT benefit is an advantage or good, something produced with the assistance of computers and communications for which a firm would be prepared to pay."[15]

3.2.1.2 Inhärente Mehrwerte

Ein inhärenter Mehrwert entsteht durch Verbesserung einzelner Komponenten bzw. der Gesamtleistung eines existierenden elektronischen Produkts. Der inhärente Mehrwert wird somit herangezogen, um den Mehrwert eines existierenden elektronische Produkts mit einer verbesserten Version dieses Produkts zu vergleichen und somit den Mehrwert einer innovativeren elektronischen Lösung herauszustreichen.

Für die elektronische Erfassung und Bereitstellung von bislang in Papierform verwalteten Dokumenten ist der Begriff des inhärenten Mehrwerts nicht geeignet, es handelt sich hierbei um einen komparativen Mehrwert, da hierbei konventionelle mit elektronischen Lösungen verglichen werden.

3.2.1.3 Agglomerative Mehrwerte

Agglomerative Mehrwerte entstehen durch Zusammenlegung[16] von ursprünglich getrennten Leistungen oder Produkten.[17] Dabei kann zwischen Pre- und Post-Agglomeration unterschieden werden. Pre-Agglomeration lässt sich mit dem

---

[14] vgl. [Kuhl95], S. 91ff: Der Autor analysiert informationelle Mehrwerte eines konventionellen Bibliothekenkatalogs gegenüber einer bibliographischen Datenbank unter dem Aspekt des komparativen Mehrwerts.

[15] [ReMo91], S. 54

[16] Agglomerare (lat): zusammenlegen, anhäufen, ansammeln

[17] vgl. [Kuhl95], S. 90

Begriff „Monopolisierung" umschreiben. Es existiert von Anfang an nur ein Produkt, durch Markteintrittsbarrieren wird anderen Produkten der Marktzugang verwehrt (Bsp. Netz der Deutschen Post AG bis zur Privatisierung).[18] Post-Agglomeration hingegen setzt die Existenz mehrerer Produkte mit ähnlichen Leistungsmerkmalen voraus. Im weiteren Verlauf des Systemlebenszyklus werden diese Systeme konsolidiert, etwa durch

- Propping Agglomeration (Integration der Einzelsysteme): über eine einheitliche Oberfläche bzw. Frontendfunktionalität kann auf die verbundenen und nach wie vor selbständigen Einzelsysteme zugegriffen werden.

- Melting Agglomeration: Hierbei verschmelzen die Produkte vollständig miteinander, die ursprünglichen Produkte existieren nicht mehr alleine.

- Ousting Agglomeration: ein dominantes Produkt verdrängt Konkurrenzprodukte vom Markt.

Auch agglomerative Mehrwerte sind für die im Rahmen dieser Arbeit zu leistende Analyse kaum oder bestenfalls bedingt geeignet. So könnte argumentiert werden, dass durch den Aufbau einer dominanten Dokumentenmanagementlösung für Automobilzulieferer der Aufbau von Individuallösungen unterdrückt wird und es sich somit um eine Pre-Agglomeration handelt. Zum einen handelt es sich hierbei jedoch um Spekulation, zum anderen wird es sicherlich auch in Zukunft ähnliche Lösungen geben. Ob diese letztendlich als Post-Agglomeration konsolidiert werden, kann nur gemutmaßt werden.

3.2.1.4 Integrative Mehrwerte

Integrative Mehrwerte entstehen durch Kombination verschiedener Typen von Informationsprodukten[19] zu einem neuen, integrierten Produkt. Beispielhaft ist hier die Integration von verschiedenartigen Microsoft Produkten (MS Word, MS Excel, MS Powerpoint) in das MS Office Paket zu erwähnen. Durch Schnittstellen zwischen den Programmen entsteht hier nach außen der Eindruck eines zusammenhängenden Produkts, der durch eine standardisierte graphische Benutzeroberfläche gestützt wird.

Auch dieser Typus informationeller Mehrwerte ist für die hier anstehende Diskussion nicht anwendbar, da keine Integration bestehender Produkte zu Grunde liegt, sondern eine Neuentwicklung.

---

[18] vgl. [Kuhl95a], S. 52ff
[19] vgl. [Kuhl95], S. 90

3.2.2 Organisationsbezogene informationelle Mehrwerte

Organisationsbezogene informationelle Mehrwerte sind, gleichsam wie wirkungsbezogene informationelle Mehrwerte sog. Gebrauchswerte. D.h. sie entfalten ihre Wirkung beim Einsatz des Produkts durch den Anwender. Sie stellen damit die nutzerbezogene Sichtweise auf das Produkt in den Vordergrund. Analog zu Kuhlen wird unterschieden in:

3.2.2.1 Organisatorische Mehrwerte

Durch den Einsatz von Informations- und Kommunikationstechnologien lassen sich Aufbau- und Ablauforganisationen verbessern,[20] d.h. schlanker und effizienter gestalten.

Beispielhaft sei hier die Einführung eines Workflow basierten Freigabeverfahrens genannt, wie es auch im Rahmen des hier zu diskutierenden iDMS denkbar wäre.

3.2.2.2 Strategische Mehrwerte

Strategische Mehrwerte konkretisieren sich in Wettbewerbsvorteilen, die sich durch den frühzeitigen und kontrollierten Einsatz von Informations- und Kommunikationstechnologien erzielen lassen[21], etwa weil die Kommunikation mit Lieferanten durch den Einsatz solcher Technologien wesentlich aktueller und effizienter erfolgt, als bei einem Wettbewerber, der diese Technologien nicht einsetzt.

Ein DMS mit einer Rund-um-die-Uhr Verfügbarkeit würde diesem Anspruch gerecht, da Lieferanten ohne Zeitbeschränkung auf aktuelle Informationen zugreifen können und somit schneller auf Spezifikationsänderungen durch Umstellung ihrer Produktion reagieren können.

3.2.2.3 Innovative Mehrwerte

Innovative Mehrwerte werden durch neuartige Produkte erzeugt, die erst durch den Einsatz moderner Informations- und Kommunikationstechnologien ermöglicht werden.[22]

---

[20] vgl. [Kuhl95], S. 90

[21] vgl. [Kuhl95], S. 90

[22] vgl. [Kuhl95], S. 90

Eine innovative Lösung in diesem Sinne ist sicherlich ein Internet basiertes DMS dessen Grundvoraussetzung moderne Technologien wie Internet, XML (SOAP), Java u.a. darstellen.

3.2.2.4 Makroökonomische Mehrwerte

Aus einer volkswirtschaftlichen Perspektive führt der Einsatz von Informations- und Kommunikationstechnologien mittel- bis langfristig zu einem Strukturwandel mit entsprechenden Auswirkungen auf Arbeitsmarkt und Leistungserstellung.[23] Da der Hausarbeit ein mikroökonomische Fragestellung zu Grunde liegt, wird auf diese gesamtwirtschaftlichen Effekte nicht eingegangen.

3.2.3 Wirkungsbezogene informationelle Mehrwerte

Wirkungsbezogene informationelle Mehrwerte treten direkt bei der Anwendung des Produktes durch den (End-)Benutzer auf. Unterschieden werden

3.2.3.1 Mehrwerte mit Effizienzwirkung

Diese Mehrwerte entstehen dadurch, dass Tätigkeiten durch den Einsatz von Informations- und Kommunikationstechnologien schneller, kostengünstiger, und letztlich Ressourcen schonender ausgeführt werden können.[24] Ein Ergebnis kann also mit minimalem Ressourceneinsatz erzielt werden. Mehrwerte mit Effektivitätswirkung werden insbesondere im Rahmen des IT-Controlling untersucht, z.B. in dem eine Prozesskostenrechnung angestellt wird, die Kosten eines Prozesses vor und nach Systemeinführung darstellt.

Anstatt in einem Dokumentenverzeichnis des Kunden in Papierform nach einer Norm zu suchen, kann ein Benutzer in einem DMS gezielt über eine Stichwortsuche nach entsprechenden Dokumenten suchen. Dazu benötigt er weniger Zeit um das gewünschte Dokument zu lokalisieren, was einer Reduktion der Prozesskosten entspricht.

3.2.3.2 Mehrwerte mit Effektivitätswirkung

Mehrwerte mit Effektivitätswirkung beinhalten, dass Ziele qualitativ besser erfüllt werden können. Wie Effizienz lässt sich auch Effektivität durch Kennzahlen messen, z.B. in Ist-Plan Abweichungen, um Entscheidungen ex post zu bewer-

---

[23] vgl. [Kuhl95], S. 90

[24] vgl. [Kuhl95], S. 90

ten. Mehrwerte mit Effektivitätswirkung werden ebenfalls im Rahmen des IT-Controlling untersucht.

Im Rahmen des obigen Beispiels könnte dies bedeuten, dass der Mitarbeiter nicht nur schneller passende Dokumente findet, sondern auch inhaltlich zutreffendere Dokumente und somit ein qualitativ besseres Arbeitsergebnis aufweisen kann.

3.2.3.3 Ästethische, emotionale Komfortmehrwerte

Diese Mehrwerte konkretisieren sich in einem nach ergonomischen, kognitiven und ästhetischen Kriterien konzipierten Informationssystem.[25] Der Benutzer empfindet die Arbeit mit dem System grundsätzlich als angenehm, komfortabel und zielgerichtet.

Die Berücksichtigung solcher Komfortmehrwerte ist für das Design von benutzerfreundlichen Anwendungen unerlässlich. Bei der Konzeption des iDMS wird grundsätzlich darauf geachtet werden müssen, dass eine hohe Benutzerfreundlichkeit und Übersichtlichkeit gewährleistet ist, nicht zuletzt, um eine hohe Benutzerakzeptanz und damit einen schnellen Roll-out bei geringen Supportkosten zu ermöglichen.

3.2.3.4 Mehrwerte durch Flexibilität

Der Einsatz moderner Informations- und Kommunikationstechnologie kann eine hochgradige Flexibilität im Rahmen der individuellen Informationsarbeit ermöglichen.[26] Adaptivität an Benutzeranforderungen hat nicht zuletzt unter dem Schlagwort „Personalisierung" in den letzten Jahren stark an Bedeutung gewonnen. Niedergeschlagen hat sich dies bei der SAP AG beispielsweise durch die Einführung der Dachmarke "mySAP.com" einschließlich einer neuen, wesentlich benutzerfreundlicheren Benutzeroberfläche („FROG Design").

Ähnlich den ästhetisch, emotionalen Komfortmehrwerten hat sich Adaptivität heute zu einer Grundanforderung an Software entwickelt und wird landläufig unter dem umfassenden Begriff „Usability" subsumiert.

---

[25] vgl. [Kuhl95], S. 91

[26] vgl. [Kuhl95], S. 91

3.2.4 Abgrenzung

Aus der bisherigen Darstellung der Systematik informationeller Mehrwerte dürfte deutlich geworden sein, dass es je nach Betrachtungsperspektive und Interpretation zu erheblichen Überschneidungen kommen kann.

Nimmt man exemplarisch den Mehrwert der einfacheren und schnelleren Dokumentensuche in einer Datenbank, kann es sich um

- einen komparativen Mehrwert im Vergleich zur manuellen Suche in Papierlisten handeln oder

- um einen strategischen Mehrwert, weil Lieferanten schneller an die gewünschten Informationen gelangen und sich so auch schneller an geänderte Produktionsvorgaben anpassen können

- um einen Mehrwert mit Effizienzwirkung, da die Dokumentensuche schneller und kostengünstiger ist

- um einen Mehrwert durch Flexibilität, da der Benutzer nicht nur nach Dokumentennummer suchen kann wie in der Dokumentenliste seines Kunden, sondern auch nach Titel, Stichworten, Freigabedatum usw.

Eine eindeutige Klassifizierung von Mehrwerten wird sich in der Praxis nur in den wenigsten Fällen verständlich darstellen lassen. Ein Grund hierfür ist der in *Bild 1 (Kausalzusammenhang von Systemeigenschaften, Gebrauchs- und Tauschwerten)* dargestellte Zusammenhang. Tauschwerte, zu denen auch der komparative Mehrwert gezählt wird, basieren auf Gebrauchswerten, die vom Benutzer realisiert werden. Hierbei muss es zwangsläufig zu Überschneidung von Tauschwerten und Gebrauchswerten kommen: Der Tauschwert des Herstellers ist das Äquivalent zum Gebrauchswert des Benutzers. Beide basieren direkt oder indirekt auf Systemeigenschaften und lassen sich diesen zuordnen.[27] Eine ausgefeilte Suchfunktion erlaubt bspw. eine effizientere (und ggf. effektivere) Suche, was sich als komparativer Mehrwert im Vergleich zu einer konventionellen Lösung niederschlägt.

3.2.5 Bedeutung für das unternehmerische Handeln

Vor einer Investitionsentscheidung wird aus unternehmerischer Sicht die Frage nach der Vorteilhaftigkeit einer Investition im Rahmen einer Investitionsrechnung

---

[27] vgl. vgl. [Kuhl95], S. 91ff: Kuhlen wählt eine vergleichbare Vorgehensweise bei der Ermittlung des komparativen Mehrwerts éner bibliographischen Datenbank ggü. einem konventionellen Katalog.

zu beantworten sein. Management und Anwender werden im konkreten Fall die Frage stellen: „Was bringt das neue System". Implizit wird somit nach dem Mehrwert – und zwar dem komparativen Mehrwert – des neuen Systems gegenüber dem Status Quo gefragt.

Diese Frage lässt sich plakativ mit der Nennung komparativer Mehrwerte beantworten, ohne dass diese Mehrwerte zunächst quantifiziert werden. Um die Mehrwerte zu quantifizieren, müssen qualitative Prozessverbesserungen und Prozesskosteneinsparungen quantifiziert und den entsprechenden Kosten der Systembereitstellung für den Kunden und Lieferanten gegenübergestellt werden. Dies ist nur im Rahmen einer eingehenden Prozessanalyse beim Kunden und Lieferanten möglich und sehr aufwändig und komplex: „A definition of information economics is not a trivial matter."[28] Eine solche unternehmensspezifische Prozessanalyse ist bislang weder bei Kunden, noch bei Lieferanten durchgeführt worden und würde den Rahmen dieser Arbeit sprengen.

Diese Analysedaten sind jedoch notwendig, um mittels anerkannter Verfahren der Investitionsrechnung eine fundierte Investitionsentscheidung darstellen zu können. Hierzu können statische oder dynamische Verfahren der Investitionsrechnung herangezogen werden. Aus kostenrechnerischer Sicht besonders interessant ist das Verfahren der Kostenvergleichsrechnung, die als Kriterium für eine Investitionsentscheidung die Kostendifferenz zwischen Status Quo und iDMS liefert. [29]

---

[28] [ReMo91], S. 3
[29] vgl. [WöDö90], S. 772f

4 Business Blue Print

Im weiteren Verlauf werden Ausgangssituation und Anforderungen an das iDMS spezifiziert. Auf dieser Grundlage wird ein Business Blue Print für ein iDMS umrissen.

4.1 Spezifikation der Anforderungen

4.1.1 Ausgangssituation

Produktionsvorgaben großer Tier 1 Automobilzulieferer[30] werden Sub-Lieferanten in Form von Teilezeichnungen, Werksnormen, DIN-Normen und Spezifikationen bereitgestellt. Trotz teilweise weit entwickelter Inhouse-DMS bei Tier 1 Unternehmen (im Nachfolgenden Kunden genannt) erfolgt die Kommunikation dieser Dokumente in der Regel in Papierform per Post. Benötigt ein Lieferant ein Dokument eines Kunden, wird er den Kontakt zum Einkäufer des Kunden aufnehmen und diesen bitten, ihm das Dokument zuzusenden. Der Einkäufer wird das Dokument im Inhouse-DMS lokalisieren, ausdrucken oder kopieren und an den Lieferanten per Einschreiben versenden.

Dieser Papier gebundene Prozess ist sehr zeit- und ressourcenaufwändig, kostenintensiv und fehleranfällig. Würden die Kunden dem Lieferanten Zugriff auf ihr Inhouse-DMS gewähren, könnte der Lieferant sich das Dokument quasi im Self-Service heraussuchen, sich die elektronische Version herunterladen und ausdrucken. Dies ist für Kunden kein gangbarer Weg, da erhebliche Sicherheitsbedenken gegen einen direkten Zugriff der Lieferanten bestehen. Auf der anderen Seite sperren sich Lieferanten mit zunehmender Vehemenz gegen den Aufbau von kundenindividuellen Lösungen, da gerade bei Lieferanten, die mehrere Kunden beliefern, Aufwände für die Anlage und Administration von Benutzerkonten, Schulung und Support der jeweils unterschiedlichen Kundensysteme befürchtet wird. Lieferanten fordern von Kunden den Aufbau einer gemeinsamen oder zumindest standardisierten Lösung!

---

[30] Tier 1 Zulieferer sind Zulieferer, die komplette Module an die OEMs (Automobilhersteller) liefern. Tier n Zulieferer beliefern die jeweils darüber liegende Zuliefererstufe (Tier n-1) .

4.1.2 Anforderungen

Im Rahmen diverser Interviews mit den Kunden (Tier 1 Zulieferer) wurden eine Reihe von Kernanforderungen an eine gemeinsame, Internet basierte DMS Lösung erarbeitet:

- Einfaches, standardisiertes und mehrsprachiges Benutzerfrontend: Lieferanten sollten einen möglichst einfachen und standardisierten Zugriff auf Dokumente erhalten, insbesondere eine einfache Such- und Retrievalmöglichkeit. Der Lieferant muss ohne proprietäre Softwareinstallation (z.b. Applets) darauf zugreifen können.

- Backend-Integration: Um Redundanzen in der Dokumentenadministration beim Kunden zu unterbinden und Inkonsistenzen zu vermeiden, müssen Dokumenteninformationen aus dem Inhouse-DMS des Kunden möglichst automatisch auf die internetbasierte Lösung repliziert werden können.

- Sicherheit und Zugriffsschutz: Sowohl die Datenübertragung als auch der Zugriff auf die Dokumente muss sicher sein, d.h. nur autorisierte Benutzer dürfen auf Informationen zugreifen können. Insbesondere bei einzelnen Dokumenten muss die Möglichkeit bestehen, diese nur selektiv Lieferanten zugängig zu machen, die anhand ihrer DUNS Nummer[31] identifiziert werden. Die DUNS Nr. der zugriffsberechtigten Lieferanten sind zu den einzelnen Dokumenten vorhanden.

- Einfache, transparente und autonome Benutzerverwaltung: Lieferanten verwalten ihre Benutzer selbständig.

- Abbildung von Workflows, z.B. Freigabeverfahren: bei neuen oder geänderten Dokumenten müssen Lieferanten automatisch (z.B. per e-Mail) über die Änderung informiert werden und sie müssen diese Änderung ggf. annehmen.

4.2 Standardsoftware

Alle interviewten Kundenunternehmen setzen als Inhouse-DMS das Dokumentenverwaltungssystem (DVS) des SAP R/3 Moduls PLM (Product Lifecycle Management) ein. DVS „systematisiert als komponentenübergreifende Anwendung den Zugriff auf technische, betriebswirtschaftliche und administrative Dokumente."[32] PLM gibt bestimmte Attribute und Felder für die Beschreibung

---

[31] Die DUNS Nummer ist eine Nummernsystematik von Dunn & Bradstreet (s. www.DUNS.com).

[32] [EiGe01], S. 125

von Dokumenten vor, die im sog. Dokumenteninfosatz (DIS) aggregiert werden. Der DIS beinhaltet folgende Daten:[33]

- Beschreibende Daten, wie Dokumentennr., Titel, Version, Freigabedatum usw.
- Steuernde Daten, wie z.B. Status, Zugriffsliste (Liste der zugriffsberechtigten Lieferanten-DUNS-Nummern)
- Pfad zur Originaldatei (in einem Content Server).

⇨ *Diese Daten werden im Folgenden als Metadaten bezeichnet.*

Dokumenteninfosätze werden in der relationalen Datenbank des DVS (bzw. des SAP R/3 Systems) gehalten, die digitalen Dokumente werden in einem speziellen Content Server (CS) abgelegt:

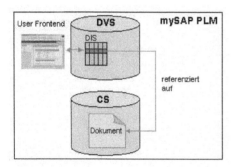

Bild 2: Datenhaltung im SAP PLM System (eigene Darstellung)

Der Zugriff eines Benutzers findet zunächst über den DIS statt. Er enthält die suchbaren Attribute, über die das Dokument identifiziert wird. Ist das Dokument identifiziert, wird es über die Pfadangabe des DIS im CS lokalisiert und heruntergeladen.

Um die grundsätzliche Dokumentenstruktur der Kunden Inhouse-DMS abbilden zu können und die Zugriffssystematik auf den CS beizubehalten, wird als Realisierungsplattform für die Internet basierte DMS Lösung ebenfalls ein SAP PLM System gewählt, das funktional an die neuen Anforderungen angepasst werden muss. Dadurch wird einerseits eine grundlegende Systemkompatibilität hergestellt, auf der anderen Seite bietet das SAP PLM System über BAPIs (Business Application Program Interfaces) die zur Realisierung des neuen Systems notwendige Erweiterbarkeit.

---

[33] vgl. [EiGe01], S. 127

4.3 Functional Design

Im Rahmen der Kundenanforderungen wurden oben bereits einige Kernfunktionalitäten identifiziert, die durch das iDMS bereit gestellt werden müssen:

1. Suche und Retrieval: Eine einfach zu bedienende und effektive Suchfunktionalität muss vorhanden sein, die eine Suche nach Herausgeber (Kunde), Dokumentennr., Titel, Freigabedatum und Stichworten unterstützt. Die Dokumente müssen durch den zugriffsberechtigten Lieferanten sofort zugänglich (anzeigbar, speicherbar) sein und vom Kunden mit minimalem Aufwand verteilt werden können.

2. Abbildung von Freigabeverfahren: Wird ein Dokument im Inhouse-System des Kunden geändert, wird das geänderte Dokument mit dem iDMS repliziert und es müssen automatisch alle zugriffsberechtigten Lieferanten informiert werden, um die Änderung auf dem iDMS zu bestätigen. Dazu erhalten die zu einer Lieferanten-DUNS-Nr. zugeordneten Benutzer eine e-Mail, die sie auf das neue oder geänderte Dokument hinweist. Die Lieferanten begeben sich dann ins iDMS, wo sie in einer Art Inbox alle neuen Dokumente sehen und direkt auf das Dokument zugreifen können. Über Radio-Buttons können sie dann wählen, ob sie die Änderung ablehnen oder akzeptieren. Im Fall einer Ablehnung wird die Abnahme offline (d.h. über ein persönliches Gespräch zw. Einkäufer und Lieferant) geklärt bzw. weiter eskaliert.

3. Autonome Benutzerverwaltung: Lieferanten sollen sich möglichst ohne Hilfe registrieren können. Um sicherzustellen, dass alle Lieferanten mit der korrekten DUNS Nummer registriert werden, wird eine initiale e-Mail mit Registrierungsinformationen generiert, die an einen bekannten Ansprechpartner beim Lieferanten versandt wird. Diesem obliegt dann die Registrierung weiterer Benutzer seines Unternehmens.

4. Zugriffsschutz: Vor jedem Zugriff auf ein Dokument wird über eine Autorisierungsprüfung sichergestellt, dass der zugreifende Benutzer zu einem Lieferanten gehört, dessen DUNS Nr. in der Zugriffsliste des DIS vorhanden ist.

Um Lieferanten einen möglichst einfachen, kostengünstigen und standardisierten Zugriff zu gewähren, müssen sämtliche Funktionalitäten über ein Web-Frontend im HTML-Format dargestellt werden. So genügen als technische Zugriffsvoraussetzungen ein Internetanschluss mit Standard-PC und Browser.

Auf der anderen Seite muss die Kommunikation der einzelnen Inhouse-DMS und dem iDMS über entsprechende, standardisierte Backend-Schnittstellen realisiert werden. Zur Übertragung strukturierter Dokumenteninformationen eignet sich insbesondere XML (eXtensible Markup Language), eine standardisierte, aber erweiterbare Datenbeschreibungssprache. Mit XML lassen sich Daten nicht nur bezüglich ihrer Darstellung wie mit HTML beschreiben, sondern auch bezüglich ihrer inhaltlichen Bedeutung (Semantik).[34] Darüber hinaus stellt die SAP AG mit „iXML" Basisklassen zur Realisierung von XML Schnittstellen zur Verfügung.

Die technische Realisierung von Frontendzugriff und Backendkommunikation wird Inhalt des nächsten Abschnitts sein.

4.4 Technologie / Architektur

4.4.1 HTML Frontend

Zur Erzeugung der für den Lieferantenzugriff notwendigen HTML-Frontends bietet die SAP AG mit dem Web Application Server (WAS) einen eigenen Application- und Web-Server an. Der WAS ist ersetzt den mittlerweile veralteten und wg. seiner Fehleranfälligkeit berüchtigten Internet Transaktion Server (ITS) der SAP AG. Er unterstützt sowohl Webtechnologien, als auch die herkömmliche SAP Basis, d.h. die konventionellen Funktionalitäten eines SAP R/3 Systems.

Mit Hilfe des WAS lassen sich zu konventionellen ABAP (Advanced Business Application Programming Language: Standard-Programmiersprache für SAP R/3 Applikationsentwicklung) Dynpros (SAP Terminologie für Bildschirmseiten) sogenannte WebDynpros in HTML erzeugen. Die WebDynpro Technologie basiert auf dem Server seitigen Programmiermodell JSP (Java Server Pages) und erlaubt die Server seitige Generierung von dynamischen HTML-Seiten. Diese Realisierung ist vergleichbar mit Microsofts ASPs (Active Server Pages).

Während die Geschäftslogik der Applikation im SAP R/3 System entwickelt wird, wird die Präsentationsschicht zur Darstellung der Geschäftslogik als HTML Seiten auf dem WAS entwickelt.

---

[34] vgl. [ChAk03], S. XIX

4.4.2 Backend-Kommunikation

Zur Kommunikation mit Kunden-Backend-Systemen werden unter Einsatz der zur SAP Basis gehörenden iXML Klassen Schnittstellen programmiert, um Dokumenteninformationen aus dem Kunden-Backend verbuchen zu können. Die Verbuchung von Dokumenteninformationen (technisch: XML Dateien) wird über Servlet-Aufrufe angesteuert. Technisch realisiert wird dieser Aufruf, indem die XML Dokumente in einen SOAP- (Standard Object Access Protocol) Umschlag verpackt werden.

Um XML Dokumente als SOAP Aufruf zu versenden, kann der SAP Business Connector (SAP BC) eingesetzt werden. Der SAP BC basiert auf der Integrationsplattform von Web Methods und kann von SAP Kunden kostenlos vom SAP Service Marktplatz (http://service.sap.com) heruntergeladen werden. Der BC kann im Rahmen der Implementierung auch für die Authentifizierung der Geschäftspartner genutzt werden, die XML Dokumente an das iDMS senden. Ein weiterer Vorteil besteht in der sog. „Fire and Forget" Funktionalität: Der BC versendet eine Nachricht so lange, bis der Partner-BC auf der anderen Seite durch einen entsprechenden HTTP-Returncode „200" den erfolgreichen Empfang der Nachricht quittiert. Dabei ist denkbar, durch Hinterlegung eines entsprechenden XML-Schemas oder einer Document Type Definition (DTD)[35] bereits auf dem BC zu prüfen, ob die XML-Nachricht „well formed" und „valid" ist. Dadurch kann verhindert werden, dass mit Nachrichten, die nicht „well formed" und / oder „valid" sind, eine Verbuchung angestoßen wird.

---

[35] vgl. [ChAk03], S. XXIII zur Gegenüberstellung von Schema und DTD

4.4.3 Systemarchitektur

Aus den bislang herausgearbeiteten Systemelementen lässt sich folgendes Schaubild einer Gesamtsystemarchitektur erstellen:

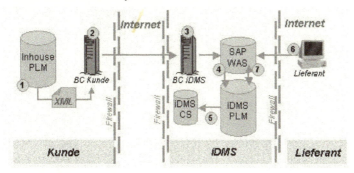

Bild 3: Gesamtsystemarchitektur (eigene Darstellung)

Aus diesem Schaubild ist ersichtlich, wie Inhouse PLM System des Kunden, iDMS und Lieferant kommunizieren.

1. Das Inhouse System des Kunden generiert eine XML Nachricht, legt sie in einem Verzeichnis ab, auf das der BC Kunde zugreifen kann.
2. BC Kunde holt sich die XML Nachricht und verpackt sie als SOAP Objekt. Dann wird eine sichere Verbindung zum BC iDMS aufgebaut, indem sich beide BCs via mit digitalen Serverzertifikaten authentifizieren. BC Kunde sendet die XML Nachricht als SOAP Aufruf an BC Kunde.
3. BC Kunde nimmt den SOAP Aufruf entgegen (an dieser Stelle könnte das XML Dokument auch auf „well formed" und „valid" geprüft werden) und ruft die entsprechende Funktion (Servlet) auf dem WAS auf. Dadurch wird die Verbuchung angestoßen.
4. Das XML Dokument wird nun im iDMS PLM verbucht, die Metadaten werden dabei direkt in der Datenstruktur des iDMS PLM gespeichert.
5. Das Originaldokument wird im iDMS CS abgespeichert.
6. Wenn ein Lieferant sich am iDMS angemeldet hat und bspw. ein Dokument sucht, werden vom WAS die entsprechenden WebDynpros dynamisch erzeugt.
7. Die entsprechenden Daten werden vom WAS aus dem iDMS PLM gezogen, geparst und als WebDynpro in HTML aufbereitet. Die Verschlüsselung erfolgt dabei über HTTPS (128 bit). Sofern der Lieferant ein Originaldokument anzeigen will, wird dieses aus dem CS gezogen.

4.5 Datenhaltung und Security

Um den Sicherheitsanforderungen zu begegnen, werden folgende Sicherheitsmechanismen implementiert:

- Backend-Kommunikation: Vor Aufbau einer Verbindung authentifizieren sich Kunden BC und iDMS BC über digitale 128 bit Serverzertifikate.

- Lieferantenzugriff: Bereits vor Anmeldung am System wird eine 128 bit gesicherte Verbindung zw. WAS und Lieferanten-Browser aufgebaut, um die gesamte Kommunikation zu verschlüsseln.

- Kennwort-Policy: Die Kennwortverprobung wird verschiedene Sicherheitseinstellungen (z.B. Mixed Case, Minimallänge, Aging u.w.) enthalten.

- Zugriffsverwaltung: Um sicherzustellen, dass jeweils nur autorisierte Lieferanten auf Dokumente zugreifen können, wird vor jedem Zugriff über (modifizierte) SAP R/3 Berechtigungsobjekte geprüft, ob die DUNS Nr. des Lieferanten im entsprechenden DIS hinterlegt ist. Beim Download eines Dokuments wird jeweils eine temporäre URL erzeugt, die auf das entsprechende Dokument im CS verweist. Ein Direktzugriff über die URL ist dadurch in allen Fällen ausgeschlossen.

- Dezentrale Datenhaltung: Falls Kunden bspw. aus Sicherheitsgründen Bedenken haben, Originaldokumente auf dem iDMS zu speichern, könnten auch lediglich die Metadaten (DIS) des Dokuments auf dem Marktplatz gehalten werden und die Originaldateien bleiben im Backendsystem des Kunden. Greift ein Lieferant über den DIS auf ein Dokument zu, wird dieses durch das iDMS nicht aus dem CS, sondern aus dem Backendsystem des Kunden gezogen. Dazu muss ein entsprechender Zugriff durch die Firewalls des Kunden realisiert werden.

5 Darstellung der informationellen Mehrwerte

Bislang wurde auf Kundenanforderungen basierend ein Business Blue Print für ein iDMS skizziert. In diesem Kapitel werden die komparativen Mehrwerte dieses Systems der konventionellen Lösung, wie in *4.1.1 Ausgangssituation* beschrieben, gegenübergestellt.

Da letztendlich die Akzeptanz der Nutzer über den Erfolg des Systems entscheidet, werden Kriterien aus Nutzersicht für die Bestimmung des komparativen Mehrwerts herangezogen.

Die nachstehende Tabelle enthält links das Bewertungskriterium, die zweite Spalte beschreibt den Status Quo bei einer konventionellen Lieferantenkommunikation, die dritte Spalte beschreibt den daraus komparativen Mehrwert der neuen iDMS Lösung.

5.1 Komparative Mehrwerte aus Lieferantensicht

Kriterium / System	Status Quo: Kommunikation über Einkäufer	iDMS Lösung
Schnelligkeit der Dokumentenbeschaffung	Zeitaufwändig, da Einkäufer des Kunden (Ek) kontaktiert werden muss, Versand erfolgt per Post.	Dokumente können durch Lieferanten gesucht und sofort heruntergeladen werden.
Aktualität der Dokumente	Nahezu aktuell, vorbehaltlich Laufzeit d. Postversands	Aktuell durch Backend-Replikation (auf Stundenbasis)
Verfügbarkeit	Nur während der Geschäftszeiten (bes. Problematisch sind andere Zeitzonen, z.B. USA, Fernost!)	Ständig verfügbar (bis auf notwendige Wartungsfenster), unabhängig von Geschäftszeiten
Umfang einer Informationseinheit bzw. eines DIS	Niedrig, meist ist nur die Dokumentnr. bekannt, weitere Details (Freigabedatum, Titel, Kommentare etc.) sind direkt auf dem Dokument vermerkt.	Hoch, da eine Vielzahl von sog. Metadaten (Freigabedatum, Titel, Kommentare etc.) mitgeliefert werden.
Manuelle Interaktion bei Dokumentenanfragen	Hoch, der Lieferant muss den geeigneten Ek suchen, kontaktieren, Anfrage ggf. schriftlich spezifizieren etc.	Nur im Ausnahmefall, da geeignete Suchmaske im iDMS vorhanden ist.
Qualität der Dokumente	Meist hoch (hängt von der Reproduktionstechnik, d.h. Druckqualität des Kunden ab)	Im elektronischen Format sehr hoch, auch beim kleinsten Detail.
Flexibilität	Niedrig, da Anfrage beim Ek i.d.R. nur über Dokumententnummer möglich	Hoch, Suche ist über alle Metadaten möglich. Neue Dokumente werden automatisch per e-Mail angekündigt.
Weiterverarbeitbarkeit	Niedrig, aufgrund von Medienbrüchen, etwa wenn Dokument beim Lieferanten elektronisch abgelegt werden soll (z.B. in dessen PLM System)	Hoch, da die Dokumente in die papierlose, interne Kommunikation eingespeist werden können (e-Mail etc).
Vertraulichkeit / Sicherheit	Relativ hoch in westlichen Ländern, etwa beim Versand als Einschreiben, restliche Welt teilweise kritisch.	Sehr hoch, da Kommunikation durchgängig verschlüsselt wird.
Sprachbarrieren	Teilweise hoch (v.a. für fremdsprachige Lieferanten, z.B. aus Italien oder Spanien)	Kaum Sprachbarrieren durch multilinguales (DE, EN, ES, FR, IT) Benutzerfrontend.

5.2 Komparative Mehrwerte aus Kundensicht:

Kriterium / System	Status Quo: Kommunikation über Einkäufer	iDMS Lösung
Schnelligkeit der Dokumentenverteilung (bei neuen / geänderten Dokumenten)	Zeitaufwändig, da Ek zuerst die zu informierenden Lieferanten identifizieren und kontaktiert muss. Dokumente müssen für Postversand aufbereitet werden (anschreiben, kopieren, eintüten, versenden).	Sehr schnell, da bei geänderten Dokumenten alle in der Zugriffsliste hinterlegten Lieferanten automatisch informiert werden, bei neuen Dokumenten muss Ek lediglich die zugriffsberechtigten Lieferanten erfassen.
Handling von Freigaben (bei neuen / geänderten Dokumenten) durch den Lieferanten	Rückläufer der Lieferanten werden i.d.R. in unstrukturierten Dokumenten (z.B. Spreadsheets) mit hohem Aufwand durch Ek manuell geprüft.	Statusfortschreibung im iDMS. Wird Freigabe durch den Lieferanten in best. Zeitraum nicht erteilt, erfolgt automatische Erinnerung per e-Mail.
Manuelle Interaktion bei Dokumentenanfragen	Sehr hoch, da Dokumente ebenfalls für Postversand aufbereitet werden müssen (s. oben).	Niedrig, da Lieferant die Dokumente i.d.R. im Self-Service herunterlädt und effektiv (d.h. zielgerichtet) nach allen Metadaten suchen kann.
Verfügbarkeit	Nur während der Geschäftszeiten (bes. Problematisch sind andere Zeitzonen, z.B. USA, Fernost!)	Ständig verfügbar (bis auf notwendige Wartungsfenster), unabhängig von Geschäftszeiten
Zeitaufwand für Lieferantenkommunikation	Sehr hoch, da kaum automatisiert.	Gering, da stark automatisiert. Ek kann sich vermehrt strategischen Tätigkeiten (z.B. Auswahl geeigneter Lieferanten) widmen.
Kosten der Lieferantenkommunikation	Sehr hoch, da kaum automatisiert. Darüber hinaus hohe Material- und Portokosten für physikalischen Versand.	Wesentlich geringer, Material- und Portokosten entfallen komplett. (Kosten des Systemaufbaus- / betriebs sind nicht berücksichtigt).
Vertraulichkeit / Sicherheit	Hoch in westlichen Ländern, etwa beim Versand als Einschreiben, restliche Welt teilweise kritisch.	Sehr hoch, da Kommunikation durchgängig verschlüsselt wird.
Sprachbarrieren	Teilweise hoch (v.a. für fremdsprachige Lieferanten, z.B. aus Italien oder Spanien)	Kaum Sprachbarrieren durch multilinguales (DE, EN, ES, FR, IT) Benutzerfrontend.

6 Abschließende Bewertung

Die vorliegende Hausarbeit zeigt anhand des Mehrwertbegriffs nach Kuhlen, welche komparativen Mehrwerte durch ein iDMS generiert werden können. Dazu wird aus einem Anforderungsprofil ein Business Blue Print für ein iDMS skizziert, der einen Vergleich zwischen Status Quo und neuem iDMS erlaubt. Dieser Vergleich schlägt sich in einer tabellarischen Darstellung des komparativen Mehrwerts nieder.

Diese Darstellung ist nicht für eine abschließende Bewertung der Vorteilhaftigkeit des neuen iDMS geeignet, v.a. aus folgenden Gründen:

- Die Darstellung spiegelt eine subjektive Sichtweise des Autors wider. Was von ihm als komparativer Mehrwert bezeichnet wird, kann für einzelne Nutzer durchaus ein „komparativer Minderwert" sein, z.B. mag es Lieferanten geben, die in der selbständigen Dokumentensuche über eine h-ternetapplikation keine Prozessverbesserung, sondern eine neue Anwendung sehen, in die sie sich mit entsprechendem Aufwand einarbeiten müssen.[36] Objektive Kriterien müssen im Konsens mit den Betroffenen Kunden und Lieferanten abgestimmt und ggf. gewichtet we rden.

- Der Business Blue Print des Systems skizziert zwar die technische Mach-barkeit, also welche Eigenschaften ein iDMS beinhaltet und wie diese rea-lisiert werden können. Er trifft jedoch keine Aussage zu den Kosten der Systementwicklung und –bereitstellung. Diese Aufwandsabschätzung ist kritisch für die noch zu tätigende Investitionsrechnung.

- Zur abschließenden Bewertung der Wirtschaftlichkeit sind, wie bereits in Kapitel 3.2.5 Bedeutung für das unternehmerische Handeln beschrieben, weitere Schritte im Rahmen einer fundierten Investitionsrechnung not-wendig, die in dieser Arbeit nicht behandelt wurden.

Der praktische Mehrwert dieser Analyse kommt in einer frühen Phase des Projekts zum tragen, in der es um die grundsätzliche Entscheidung geht, ob ein solches Projekt verfolgt werden soll, oder nicht. Komparative Mehrwerte beant-worten auf plakative Art und Weise, welchen Nutzen Anwender des Systems kapitalisieren können.

---

[36] vgl. [Kuhl95], S. 91f zur Subjektivität von Mehrwerteigenschaften

Literatur

[BuKö00]	Buxmann, Peter; König, Wolfgang; Fricke, Markus; Hollich, Frank; Diaz, Martin; Weber, Sascha: Zwischenbetriebliche Kooperationen mit mySAP.com. 2. Aufl., Springer, Berlin 2000.
[ChAk03]	Chaudhri, Akmal; Rashid, Awais; Zicari, Roberto: XML Data Management. Addison-Wesley, Boston 2003.
[Dand99]	Dandl, Jörg: Dokumenten-Managment-Systeme – Eine Einführung. In: Lehrstuhl für Allg. BWL und Wirtschaftsinformatik, Johannes Gutenberg Universität (Hrsg.): Arbeitspapiere WI, Nr. 9/1999. Mainz 1999.
[EiGe01]	Eisert, Ulrich; Geiger, Kerstin; Hartmann, Gerd; Ruf, Helmut; Schindewolf, Stephan; Schmidt, Ulrich: mySAP Product Lifecycle Management. GalileoPress, Bonn 2001.
[Kuhl95]	Kuhlen, Rainer: Informationsmarkt – Chancen und Risiken der Kommerzialisierung von Wissen, Universitätsverlag, Konstanz 1995.
[Kuhl95a]	Kuhlen, Rainer. (Hrsg.): Einführung in die Informationswissenschaft : Systematik informationeller Mehrwerte - Eine Kompilation studentischer Hausarbeiten zum gleichnamigen Kurs im WS 1994/95. Konstanz 1995.
[PiMa98]	Pietsch, Thomas; Martiny, Lutz; Klotz, Michael: Strategisches Informationsmanagement. 3. Auflage. Schmidt, Berlin 1998.
[ReMo91]	Remenyi, Dan; Money, Arthur; Twite, Alan: A Guide to Measuring and Managing IT Benefits. NCC Blackwell Ltd., Oxford 1991.
[WöDo90]	Wöhe, Günter; Döring Ulrich: Einführung in die Allgemeine Betriebswirtschaftslehre. 17. Aufl., Vahlen, München 1990.

Eidesstattliche Erklärung

Ich versichere, dass ich die vorliegende Hausarbeit selbständig verfasst und keine anderen als die angegebenen Quellen und Hilfsmittel benutzt habe. Alle Stellen, die wörtlich oder sinngemäß aus Veröffentlichungen oder anderen Quellen entnommen sind, sind als solche kenntlich gemacht.

Die Arbeit hat in gleicher oder ähnlicher Form noch keiner Prüfungsbehörde vorgelegen.

Konstanz, den 22. September 2003

Martin Schaedler